Edition Akzente
Herausgegeben von
Michael Krüger

Oskar Pastior

Francesco Petrarca

33 Gedichte

Carl Hanser Verlag

ISBN 3-446-13765-3

Umschlag: Klaus Detjen
Satz: LibroSatz, Kriftel/Taunus
Druck und Bindung: Pustet, Regensburg

Oskar Pastior

I

Wenn, um mir Luft zu machen, ich den Laut bewege, der dich bei mir »wie eingefleischt« vertritt, nennt er, kaum über die Lippen gebracht, bereits sich selber »wie selbstverständlich« und »so wertvoll« – er wird zum eigentlichen Anwalt, außerhalb von mir. Sein Wirkungsgrad (»die Realität«) fällt andererseits mit doppeltem Gewicht auf mich zurück: Aber sei still, aber empöre dich endlich: Aber was wäre »im eigenen Namen« denn anderes als »im Hinblick auf dich«? Wer Namen einwirft, übernimmt Verantwortung – das machen Klänge wahr; obwohl es Allerwelts- und Lückenfüller sind; sich für dich verwendend, wirklich wie unwirklich, sind meine Seufzer Stöße – ins Allgemeine und in mich besonders. Erst wenn mein Blatt, samt seiner öffentlichen grünen Seite, von dem du abhebst, Name, dich in den Schatten stellt, ist es gestört, gewendet, »überhoben«, bloß noch die Zunge.

2

Guter Tag, von dem ich spreche; der eine gute Tag; die Woche, der Monat, das Jahr; die Jahreszeit, die Witterung, die Stunde, der Augenblick; das weite Land, der Ort; der Ort mit den zwei Augen; von ihnen spreche ich, von ihnen komme ich nicht los; von unserem ersten Mal, dem Umstand und dem Ziel; ich spreche in konzentrischen Kreisen von der einen Sache; immer ins Herz; der Name, mit dem ich sie umgab, die Wellen, die er schlägt, indem ich davon spreche; von der Entbehrung; ich weiß wovon ich spreche; ich heiße dich gut; selbst in Belegen, die dich künstlich niederschlagen; und noch in jenen Gedanken, von denen ich absehe; davon, und von nichts anderem, ist die Rede.

3

Schöne Menschen in schönen Kleidern – ich kenne dies Entzücken, das bis zur Unwirklichkeit weh tut: dort das Augenpaar – mir vor der Sonnenscheibe; sie kann tausendmal aufgehn, ich sehe die Feuchtigkeit. Und höre vor der Empfindung mich reden, Dinge wie »Berge versetzen« und »den Nebel spalten«. Verspüre Neigung und Skepsis, Selbstachtung wie Mitgefühl, eine Bewunderung und die Angst vor jähen Wendungen – so kommt Gemeinsamkeit. Wie keine andere Zugluft in diesem Tal gewaltlos über dem Jammer; so einhellig, jetzt, geschwellt, daß kein Blatt sich rührt und auch der süße Wind bloß war.

4

Was ich noch sagen wollte, Urs, im Hinblick auf die Bächlein und Seen und auf das Meer, in dem sie sich verästeln, oder die Berge und Siedlungen dort, beziehungsweise hier den Schatten im Laub oder jenen Dunst vor der Sonne und diesen Nebeltrog, in dem die Landschaft sich badet – ja abgesehen selbst von solchen Dingen und auch anderen Widerständen, die mich reizen: Jeder Anblick, und sei er noch so angemessen, ist mir im Wege; er verstellt mir die Welt; und erst ein Blick in Blicke – Interferenz von Schleiern!; darum sage ich: Los jetzt, Augen, trennt auf, erschöpft euch, am besten weint. Nun ja, Scham macht nicht froh; auch Stolz ist eine traurige Sache; was mich bewog, ist nicht rückgängig zu machen; mir winkt die Hand; mein weißes Ärgernis – ich werde mit ihm leben.

5

Kein Grund zum Aufhören, kein Grund zum Weitermachen; das Schlimmste kommt noch, die Hoffnung dauert; ich behaupte zu brennen und nehme einen Gletscher wahr; wer sagt, daß man nicht anderswo sein könnte – aber ich bin hier; außerstande, etwas zu besitzen, umarme ich die Welt: Du bist die Klammer, die mich weder schützt noch bedroht, weder ein- noch ausschließt; darum ist auch mein Inbild von dir weder tödlich noch gesund – es braucht mich so wenig wie es mich losläßt; bald werden die Sinne ersetzt – womit hörst du, wenn ich keinen Mund habe?; im Begriff, nicht mehr zu sein, klammere ich mich an ihn; im Eigensinn »den ich hasse« liebe ich »was ich nicht habe« – am Widerspruch mich weidend, tun mir die Paare weh; Ja und Nein sind mir gleichermaßen verdächtig; so also steht und fällt es, Partner, um mich durch dich.

6

Die Natürlichkeit des Geistes und seine abstrakte Natur; auf einen Blick dann prompt die weite Perspektive – dabei nicht unbesonnen; umsichtig und flink im Urteil – auf lange Sicht vorurteilslos; und in der Tat entsprechend der Befähigung: unter der Unzahl der Erscheinungen entdeckt der Gesunde Verstand im Nu die vollkommenste; mitten im Dekor; alles andere, Zeit und Zufall, tritt vor dem Wink zurück – einnehmend zieht er die Schönheit an sich, küßt der ins Bild geratenen »die Augen«, dann »die Stirn«, so angemessen, daß es jeden freut: beneidenswert verquickt, der Umgang, »süß und selten«.

7

Ich spreche jetzt über Vergangenheit; nenne sie »vertane Schritte«, sage »du« und »du« und »du« zu ihnen, zähle also und rufe »euch« auf: »rasch!«, »unbestimmt!«, »abgewandt!« – o zähes Gedächtnis; indem ich »hitzig« sage und »Antrieb« lese, beschreibe ich meinen Anspruch – du schwächliche Antwort; Erfahrungen »des Auges« – nein, eher Abgesondertes inzwischen, längst »Gerinnsel«; nur mein »Schnörkel« lehnt sich auf – und so sehen mich die anderen; im Zwielicht, das mich auszeichnet; das ist aber nicht leicht; bequem dafür der Irrtum, »nur noch in Gegensätzen daran denkend« (»Höhen!«, »Tiefen!«); oder das Gleichnis vom schönen Gesicht – o Vergegenwärtigung!; o Gegenwart; so kommt es, daß »ihr«, Konzepte, mit mir umgeht, wie es »euch« paßt, und im Beweggrund die Bewahrung liegt; ich spreche über die Mitspieler; nenne sie »freundlich«, »jetzt« und »von Natur«, flehe also, d. h. ermächtige »euch«, »Umschattete«, »des Staubs«, mich zu erinnern; daß ihr erkennt, wie unbefriedigend der Zustand ist.

8

Ich bewege mich – ja ich kann noch vergessen; und indem ich vergesse, bin ich hin und her bewegt; und stehe, während ständig ringsum alles anders ist, im Scheitelpunkt des Dunkels, meiner Kälte – zwischen dauernden Entscheidungen; dort regiert mein Gegner, die Handlanger sind anonym und arbeiten rasch – und fröhlich geht es dem Untergang entgegen; noch sind Verwundbarkeit und Träumerei ein bissel Sand im Betrieb, und auch wer selbstgerecht und stur sich übernimmt, erschüttert die Struktur – doch die Fehler sind bis zur Unkenntlichkeit eingebaut; ja die lieben abgenützten beiden Maße sind mir »sowohl – als auch« längst unter die Haut gegangen; nichts ist absehbar, nichts kann die Richtung halten; selbst der Zweifel ist mir an allen Ecken und Enden nicht mehr gewiß.

9

Meine vier Wände – wie sicher sie schienen; bei jedem Wetter, rund ums Jahr; und so getränkt mit Tropfen und Dünsten, die kein Licht vertragen – ja, mein Bett; wie oft (ist es wieder so weit?) hast du mich in die Stille deportiert, fallen lassen, Auffanglager – nach der schweren Arbeit der Gefäße, die weh tun, alter Knabe, von deinen nassen, elfenbeinernen Fingern; und rückst jetzt ab von mir, roh, jäh, ungerecht; zwar ruhe ich, zur Wand, und das ist mißlich, doch von alleine Ruhe finden – eine Last; geschweige, diesen Kloß zu wälzen und zu überlegen – bis er sich von mir hebt; am liebsten wär ich jetzt vermengt mit all den Unbekannten; die mich stoßen und hassen; so stark ist die Angst, wieder allein zu sein.

10

Einsamer Denkvorgang; mein Pensum, der Schritt, rückt wie ein Landvermesser langsam vor; das öde Umfeld, die vorgerückte Zeit; aber die Augen gehn mit und schweifen, zum Absprung bereit, über Mulden im Sand – Abwesenheit von Körpern; das ist die Hinterlassenschaft, da bin ich abgeschirmt von aller Neugier; denn hier fühl ich mich ausgesetzt, leergepumpt, fast vogelfrei; innerlich glühend – außerhalb des Gesetzes; wahrnehmend also und mich im Nahbereich des Abdrucks vergewissernd, wird Nachdenken zu einem Vorgang, der bewirkt, daß wenigstens »mein« Küstenstrich – »sein« Sand und Busch und Stein, »sein« trockenes Flußbett – mich kenntlich macht; anders als alles andere; doch weiter geh ich nicht – unabgesichert ist die Einsamkeit; sonst lagert mir am Weg der lockere Vogel vielleicht nie mehr auf, um über dies und jenes noch mit mir zu schwätzen.

II

Ich bin es müde, euch zu strapazieren, Gedankengänge eines Nicht-müde-werden-Könnens – zu euch, die ihr nicht müde werdet, mir zu fehlen; Abwesenheit von euch ermüdet ebenso wie diese matte Flucht vor der Ermüdung; das ist oft anstrengend – ich verschnür mich aus euerem Gesicht wie aus dem Zugzwang, euch darin zu sehn – vor allem aber aus den Namen, die unentwegt durch den Kopf gehn; nein, was dieser Sprache fehlt, gehört zu ihr; selbst ihr Müde-werden-Können kommt mir, während ich (abwegig, knieweich, arbeitsscheu) euch aufzuspüren trachte und dabei Schritt für Schritt nichts als Verlustgeschäfte häufe, abhanden – ja die Trägheit; und dann eure einzufärbenden, diese anzufüllenden Druckseiten – mit »euch«; da liegt der Fehler; die Zuneigung hängt schief, und schuld an diesem Winkel ist nicht die Kunst.

12

Konsum, Komfort und Zeitvertreib – darauf beschränkt sich nun alles; sogenannte Bedürfnisse; zeitweilig, scheint es, geht die Physis fremd – sie ist nicht so; aber wer blickt noch durch; opak sind die großen Zusammenhänge, an denen man sich orientieren könnte – seltsam nur, in welchem Maße jetzt deutlich wird, was Dichtung ausmacht, wer sie trägt; zu stellen wäre auch die Frage nach dem öffentlichen Rang, dem Preis, der Anerkennung; dem ach so duften Geschmack; »Bescheidenheit und Armut schärft den Intellekt«, meint eine große Mehrheit – sie ist auf Effektivität bedacht; und nur wenige denken anders – die Weggefährten; darum mein Werben für dich, und um dich, weitblickender Geist; du solltest, was du in großen Zügen anfingst, nicht aufgeben.

13

Von Rom sei hier die Rede, lasse ich mir sagen; Petrarca redet von einer Unverwüstlichkeit, die über »euch«, über dem »Ort« zu schweben scheint; und kann, aus diesem Grunde und an dieser Stelle, von unserer üblen Vergangenheit nicht absehn; er steht auf, schreit, will sich von Argument zu Argument ins Allgemeine retten, »Himmel!«; doch, wie in einem Treppenwitz – »Weglaufen gilt nicht«; jede Zeit ist Zeit insofern, als unser Wiedersehn im Spiel ist – erinnere dich; mit den gegebenen Dingen; sagt die Vergangenheit; sagt parallel Petrarca zu sich, zu uns, zum plötzlichen Einbruch der Kälte, wenn die Nachricht kommt: »Geh oder bleibe«; dann der alte Impuls, dann der jüngere, der diesen umkrempelt – wer setzt sich durch, wer wird es dann noch wissen; es ist ein Kampf, bis heute, Runde um Runde.

14

Kannst du mir sagen, von welcher Seite in der Symmetrie der Dinge du dich anlehnst, bzw. an welcher Stelle der Idee deine Ausnahme beginnt – die mir wie modelliert, so und nicht anders, also anmutig erscheint; als wolle jemand hier dein Muster dort vergegenwärtigen; abweichend – ja vergleichend: das Grün »der Wälder« in dem Blau »der Quellen«, die »Aura« dieses Lüftchens, aufgeschnürt »im Grün des Laubs« (»Goldhelm«); und bin ich, darauf läuft's hinaus, imstande, die Fülle aller Bilder, die du möglich machst, in einem, d. h. »im Herzen, aber ohne Gleichnis« an mich zu nehmen, ach, und außen sichtbar tragen; selbst wenn letzten Endes der Tod die Summe ist; es kann nicht in der Absicht deines Grundes liegen, für immer unentdeckt zu sein – dort bist ja du und blinzelst in einer Richtung; ich müßte es wissen, wie süß die kleine Zuwendung am Leben hält; und trifft; und haargenau so seufzt und redet und lacht.

15

Knirps, ich bin dir nicht gewachsen; es geht um mein Liebes Leben; gemeinhin dieser »Topf«, der schlapp macht, dies »Feuerchen«, an dem ich mich reibe, weil es so kümmerlich ist; Fehlendes tut weh, und schürt, denn auch die Verursachung nimmt ab – es ist die Schraube gegen die Vernunft, die reine Folter: mit anderen Worten, ich sage mir: »Steck zurück, zügle den Ansporn, belaß die Formen in der Schwebe« – doch ich kann es nicht, schon hast du mir mich aus der Hand genommen, es »brennt« das »Mark« . . . kein Ausweg. Und ich schaukle dich hoch, und du schaukelst mich hoch, über den Balken – wer ist ich? und wer ist du?; dermaßen »erhitzt«, dermaßen »inständig«, daß jedes rauhe Mittel recht ist, wenn es zum guten Ende drängt; gesünder allerdings sind, wie ich höre, ein paar himmlisch unverbrauchte Dinge, die uns gegeben sind: macht euch bekannt – nicht meinetwegen; ich bin nur der Mittler.

16

Wo unsere Eigenschaft uns anhebt; zuerst flach, dann über der Sohle in Fältchen und Buckeln, dann wie hochgeschmiegt aus der Umklammerung früherer Glieder – liebliche Gegend; liebe Gegebenheit (»wo der Mensch lebt«) in Hügelformationen – Hervorrufung »im Traum« wie »unter Tränen«; es war halt Frieden im Land; wir waren frei zu gehen oder zu sterben, wie Tiere und wie Pflanzen, und ohne jeden Argwohn, daß unterm Gras etwas mit uns einhergeht, das je ein Leid bezweckt; so harmlos schien das Leben, so unbeschadet standen wir im »Tod als Lebenswandel« in seiner Gewalt; und gingen bis zum Äußersten im Panorama dieser Berge.

17

Komm in meine Erinnerung; auch wenn du fort bist, geh mir durch den Sinn, durch alle Sinne; meine Zeit – ihre Zeit; die Trennung ist fließend, sie läuft ab, egal und unbenommen: so frisch (ich tauf sie manchmal »Jugendalter«, »glühend-blühend« oder »mein Doppelstern«) wie ich sie damals sah: zuletzt am Morgen, zuerst am Abend; so ähnlich, vor Erwartung: geradeaus auf mich zu, unverformt, in sich zurückgenommen und doch aufgehoben, in meiner Hand (gleich fällt mir ein Kohlentöpfchen ein) – dann aber auch so sonderlich allein, daß ich an mir halten muß, um nicht zu rufen: »Sie ist's, und keine andere! Noch ist sie's!«; und horchend, wo ihre kleine Stimme nun sei; dann spricht sie manchmal, tatsächlich, und manchmal nicht; ich tappe herum, vieles geht mir durch den Sinn, die Sinne (auch dies), ich höre, wie ich mir vernünftig zurede: »Nimm sie für wahr. Akzeptiere die Täuschung. Sieh endlich ein, daß da am 6. 4. 1348 zwischen Null und Ein Uhr Früh sich etwas mit Freuden verselbständigt hat«.

18

Wenn das, was als Gedanke in der Mitte zu wachsen anfängt, »nicht ist« – was bleibt dir »zu fühlen«? Und »ist« es – mein Gott, wie muß es beschaffen sein? Meint (und du zitierst noch immer) »das, was in der Mitte zu wachsen anfängt« es gut mit dir, wenn eben sein Ende dein Ende ist? »Tut« das weh – oder »ist« das schlimm? Ohne Wurzel, aber wachsend; die Lust, die Pein; du schürst, um auszulöschen; wohl oder übel – Geschwätzigkeit. »Ein Mißverständnis, und wir gehn daran zugrunde«; noch ein Zitat. Und es widert dich an, an diesem Halm zu kauen (»Tod und Leben«, »erquickender Verschleiß«) – und braucht, um zu geschehen, dein Einverständnis nicht; da stimme ich zu; auch eine Art von Trauer. So hin und her, zerbrechlich, außer Kontrolle, fern von Dingen; so unwissend leicht, den Wünschen irrtümlich verwandt, und »doch« entwöhnt – kläglich; der Gedanke überläuft mich heiß »und« kalt.

19

Sieh: eine junge Hirschkuh zwischen zwei Landschaften über grünem Gras hereinschwebend; zwei goldene Geweihe mit einem Sonnenaufgang in der Mitte; darüber hinaus der Schatten von Lorbeer auf dem Zwielicht eines Aprils. In diesem Bilderrätsel gilt also Gewohnheit nicht; lasse alles stehen und folge dem Tier; der Sinn, es zu besitzen, schafft den Geiz zum Übergang – enge Mühe, leichte Freude. Löse nun die Zeile; um den Hals liegt eine Schlinge; sie besteht aus glitzernden Punkten. »Wer anfaßt, ist der Dumme«. Hast du dich dementsprechend verhalten, bist du frei und stehst vor einem neuen Tor. Darüber vergeht die Hälfte des Tages. Verweile mit zwei großen Augen im Bogen zwischen einer Sonne. Das Bild ist nicht zu Ende; du bist nicht mehr drin; dahinter zwei Tümpel mit fehlender Hirschkuh – da bist du.

20

Seitdem er Lokalverbot hat und ihn dort kein Tauschgeschäft mehr erwartet, zieht sich sein Schritt in die Länge – im Augenblick verlernt er, dem Moment ins Auge zu sehen, ja er meidet Aufgespartes, macht nicht mehr mit beim Spiel von Aufschub gegen Treue. Gleich speist er sich mit Luftverdrängung ab, und niemand fragt danach. Er steckt also ein, verschluckt sich am Lebendigen, doch das scheint ihn nicht zu stören. Süßer als man glauben sollte schmeckt unter solchen Umständen die Freiheit, sich gehenzulassen. Dabei hat er sich etwas in den Kopf gesetzt, zwar nichts Mustergültiges, dafür etwas Bestimmtes; mit Begabung hat es nichts zu tun. Von seinem Exil möchte er sich nicht trennen. Irgendwo nördlicher oder irgendwo südlicher fragt er schlau nach Sicherheit; sie wird ihm nicht erspart bleiben.

21

Vom neuen smarten Umgang ist die Rede – unverhohlen wird gelächelt; gedämpft ist schön; umsonst fuchtelt der alte Sizilianer mit der Pizza (»Identität«), die ihm nicht mehr gehört – mag sie noch so frisch aus dem bewährten Ätna kommen; auch seine Schwester bleibt allmählich ewig jung; Reflexe eines Kultes; vom Abendland kommt eine steife Brise – sicher und witzlos gehn Dinge vor sich; Wasen- und Rasenstücke schießen ins Kraut, die unbequemen Sterne sind auseinander; nur noch nette, liebe Menschen; von Trauer keine Spur und Arbeit.

22

Ich habe was ich brauche, in jeder Beziehung; lasse mich reichlich gesund ablenken, und auch an Wiederholung fehlt es nicht – kein Kummer fließt; das ist bald kümmerlich zum Überdruß; ich frage, ob die Toten nicht besser dran sind – da sättigt sich die Tuchfühlung zu Tod, da kommt, weil Mangel Mangelware ist, nichts Richtiges hoch (Freude!), da ruft die Dummheit zur Raison, da dreht sich die Vernunft um alte Tage. Zugegeben – solange man hadert, lebt man; doch wie. Will nicht hoffen, daß wieder ein Jungvolk mich einholt; dann wird es nur schlimmer. So ungeschliffen, so grob gesagt, daß ich nicht mehr durchblicke. Seht, ich habe nicht mehr in der Hand, was mir blüht; und durch diesen Gedanken läuft noch ein Bruch.

23

Wieder treibt »es« mich um, »macht« mir Versprechungen, die plötzlich »sind« – alter Schmeichler! Verfallen bin ich ihm, verhaftet (wie der »Speichel« der »Sprache«, die mich »leitet«); doch er – er »reicht« den »Schlüssel« einem »Feind«: ich bin immer »draußen«, ach in Gänsefüßchen, ach »kodifiziert«. »Es« kommt aber noch besser: erst die Gefangenschaft (»Befangenheit«) in der ich mich befinde, »läßt« (als wäre »sie« der »Feind«) »mich« (als wäre »er« das »nicht«) Wahrnehmung davon »haben«; und noch eben war ich »auf dem Wege«, d. h. »unter Mühe«, mich sprachlos, nur noch Atem stoßend, also »frei« zu machen – wer's glaubt!; denn indem ich dies versichere, beschwöre, verfluche – rede ich ja; und trage, um im Bild zu bleiben, »wie« ein Gefangener die Ketten, »es« ständig mit mir – zumindest dies Gewicht, das zieht – Schriftzüge »in« den Augen, offen »auf« der Stirn. Wenn dir beim Lesen aber jetzt die Richtung aufgeht – gib zu: bei Licht besehen ist der Spielraum zum Verstummen sehr klein.

24

Es liegt am Licht; die Sonne ist schon vor mir da und nimmt – nein, gibt – die Morgenstunde vorweg; ihr zuvorkommender Schein in meinem grünen Winkel, Sonne und Blatt – eure Zweisamkeit vor dem Anfang jeder Geschichte: das habt ihr mir voraus, ich kann wieder staunen im kleinen Aufenthalt, statt meiner; nun bitte ich, noch rufe ich die Sonne, sie geht aber schon; taucht mir die Hügel in Dunst und hat mich, wenn sie fort ist, gleich nicht gern. Aus meinem Winkel wirft ein Igel lange Schatten; ein Funke wirft ein Feuerchen dem Hasen; der große Lorbeer wirft einen schmalen Strich – während ich rede, wächst die Abwesenheit, zieht aus den Augen den Ort, gibt den Dingen etwas Zeit zum Übernachten.

25

Es heißt, ich atme mit den Augen, reise mit dem Mund, lausche mich hoch in die Wolle. So verquickt, fällt jede Redensart ins Staunen – aus tiefster Physiognomie. Doch eh ich mich zur Stirn versehe (»es mich verspricht«), schiebt was mich anmutet sich leider, ach, davor, davon ... – fünffingrig auf Anhieb, und gebietend: o Achtung, aus der zweiten Hand, vor solcher Liebe. »Und wo denkst du hin?«. Da häng ich, atme als Geruch vom »Fisch an der Angel« deine Sprache, halte Rücksicht auf die nachgeworfenen »Blinker« (»Vorliebnahme«, »exemplarisch«, »letztlich unausweichlich«), die Sinne zappeln, voll beschäftigt, gegen den Strich – und dann, fast unerwartet, wie anderswo: Leim und Routine ... oder so verflogen? ... Trotzdem, die Augen träumen weiter, quasi mit der Nase, von dem was ihnen zusteht und sie nährt – dem kleinen Vorgang zwischen diesem und jenem, vom Mund zur Hand, von der Wand zum Buch; und wer weiß wie lustig und neu und unerhört. Es grüßt dich seltsam süß versponnen Hans Guckindieluft.

26

»Substitut von morgen« – und jedes Mal! Wie, sag ich, würd ich (»Science Fiction«) am liebsten und mit technisch unverbrauchten Lungen es wieder fort-rücken, hin-führen, weich-klopfen, und zwar so »neu«, daß tausend alte »Keuch-Keuch« zugleich aus jener harten Flanke schlügen (»Krieg der Sterne«) – und einmal wieder tausend heiße Plasmen-Wünsche aus lahmen Denkprozessen . . . ha, Schrittmacher!; schön in Bewegung käme langsam das Gesicht!; die Super-Augen, hin-gegossen, rollend, mitleid-voll (»Nova-Nova«); lustig reißend und am Riemen fremder Mächte, Qualen, robotierender Verwirrung – »keine Reue zählt« (hier gerät alles ins Schwimmen) und viele rote Rosen (»tausend Würmer«) zu entdecken in der Nähe unter viel Schnee (»Schmelz-Bein«, »Blick-Feld«, »Marmor-Biß«) – alles in allem, weil ich für dies Geflunker mir nicht zu kurz bin; und nicht zu schade; da werden Lichtjahre nichts ändern – ich bin bedient.

27

Keine Aufzählung, keine Summe; keine Wasserläufe, die uns auf der Zunge liegen und dort und hier bereits exotisch zerlaufen; kein Abschmecken der Mündungen in das zerfranste Meer von Märchen, Völkerschicksal, Operette; bitte auch kein einheimisches Grün in Haufen, ausgezogen nach Gattung, Art und Blütenstand – je länger die Liste, umso ausführlicher die Angst; ich bin krank am ganzen Ausmaß – es zu füllen! So halte ich mich an die Klammer, die Chance, die bleibt: ein Rinnsal, eines, wohl und übel an meiner Seite – der kleine Auswuchs, wenn ich rede, und Angebot von überall, wenn er sich spreizt. Ja, ich umschreibe die Aussparung, die mir jetzt hilft; und indem ich mich dagegen wehre, helfe ich ihr auf die Sprünge – dann wächst aus der Gürtellinie auch der Zweig, auf dem ich sitze im süßen Auf und Ab der Unterschiede – auf manchen Ebenen.

28

Erst wenn am Kopf die Zeit von beiden Seiten klaffend ineinanderfällt (zwei Schläfen einer weißen Entropie) – dann ist sicher der Punkt: endgültig vorläufig, nicht eher, solange. Unterdessen operiere ich spitzfindig mit Dingen wie »weswegen« und/oder »wozu«, sehe überall die Formel für »Schmerz« verrotten, sitz aber prompt (»entzückend«, »rührend«) dem kleinen Hafer auf: noch ziept etwas, noch gibt es Kontakte. Läppisch, mit trockenen Augen, lasse ich laufen, was läuft, habe meine Mühe mit osmotischen Erscheinungen. Noch durchzucken sie mich ein wenig, sehr beunruhigend, aber immer noch im Rahmen dieses Schlachthofs.

29

Während hier und dort und mittlerweile nichts kommt und nichts weitergeht; der Windstille gleich; während die Tiere und die Pflanzen nichts Wildes und nichts Sanftes an sich haben; den Schlafenden gleich; und während, einem Wagen gleich, die Nacht mit ihren Himmelskörpern ums Eck rollt – während Wasserflächen ohne Eigenschaft herumliegen, diesem Ozean gleich; nur ich bin bei Bewußtsein, denke, fühle, vermisse; während mich gleichsam ein Riß, einer Süße gleich, nie einholt und immer übertrifft – dies ist der Schauplatz, gleichsam mein Ort, der aufwiegelt und weh tut; einem Zustand gleich; den ich ignoriere, »während im Grunde die Quelle entspringt«; ja, indem ich etwas Ruhe finde an derlei Hypothesen, »während du gleichsam die Liebe bewegst«, die mich anbranden und abnabeln – »Stoff, aus dem ich bin, meine handgeknüpfte Metapher«; währenddessen, eingefädelt im Stich, heillos verheddert, verstrickt, übe ich darin den Salto mortale, eine Art Entbindung; gleichsam die Litanei; wie soll das ausgehn.

30

Mit einem Satz über den Äquator – oder flugs zum ewigen Eis; mit einem Satz in den Orient – und mit dem nächsten zum Okzident; oder zu den Armen, den Reichen, den Naturkindern, den Umwölkten und Schwierigen; und mit einem Satz zur Nacht, zur Länge und Kürze, ins Alter oder unter die Jugend; immer gleich sehr hinauf, hinunter, nirgends, zwischen, leider und zutiefst; und frei, mit einem Satz, zu denken; und auch nur so denkbar; nach draußen aber undurchlässig, dunkel – und mit einem Satz dann einleuchtend; beliebig und entsetzt, berüchtigt, angemessen, unentwegt; fortan nicht anders als mit je einem Satz – und später nichts als was etwa davon zu sehn ist; und weiter so kümmerlich; im Dutzend und im Text der Jahre und Sprünge.

31

Eifersucht! Hier malt er an die Wand, hier verdächtigt er der Feindschaft, hier stellt er sie heraus! Doppelbündig setzt er Maßstäbe, die ihn läppisch umstellen – Willkür! Aber was fehlt dir? Still, eingeschlichen aus Zuordnung – eine Krankheit zur Tugend? Ha und Ho – eine Art Neid? Daß denen der Wurm am Herzen liegt! Schweigende Mehrheit, ach, aus psychologisierenden Wörtern: wie ist dem abzuhelfen? Grundsätzlich nicht; rät er im Wahn; zu mustergültig präsentiert sich landauf, landab Das Ideale Paar »von Kindesbein« – er muß den kürzeren ziehen, arm und selig, nie wunschgemäß, bald abgeblasen; gleich wird er hassen . . . Mutwillig fühlt er falsch, charakterstark haut er scharf daneben – »sentimentaler Clown«. Das ändert nichts, am Abschied »von Entscheidung« kommt er nicht vorbei: nicht weil er sich bei jedem Purzelbaum, den er ertrotzt, in tausend Todesängste steigert (»ich liebe ja nicht! ich hoffe ja nicht!«) – nein, nur an dem Schrecken draußen Hinter Den Personen ist etwas Halt; da kann der steile Vorschuß sich zeigen; und amortisieren.

32

Gewissermaßen vom heißen Zahn des Innewohnenden am Horn-Ball, d. h. von der gemeinen Mutmaßung zur Wörtlichkeit; einmal also von schlanker Gabe, Kür, Tand, Nadelstreif-Ticket; von dem Solo-Schach, der integren Statur, dem Gang durchs Gebirg; also auch vom Turm im Flug und der Verankerung im Zähen, Salzigen: Fluß (Lötvorgang); ja ein so jammervoll rosiger Sparstrumpf in solcher Entfaltung; so quick-flockig mein speckiges Wischtuch im Rückspiegel-Schweiß; so Tolpatsch-Wonne, Wellen-Länge, Duftzeh-»Dennoch« – eine »So«-Aufgeschnapptheit zum Sichtbaren; und auch ein Quantum »von« Glanz, »von« Netzhaut, »von« Sonnen-Zuber-Spur-Ergänzung –: dieser Taufe wegen, dieser Lösung wegen, dieses Hingezogenseins von Interesse wegen; von einer solchen Länge, einem so hintersten Thule, einer solchen Froschmäusigkeit; und gewiß wegen meines Donbas oder Schwarzmeerkanals; und auch wegen des Transfers von Trauer (wie Aida!, wie Elektra!) zum immobilen Atlas (falsches Zittern! falsche Münze!) bzw. an jenen Wolkenrauch (Wohnsitz! Personenkult!) – ja wegen so viel Dreck im Stall; daß ich die Tonnen nicht aus der Welt schaffen kann, daß vier Winde nicht mehr reichen, daß alle Tore Warzen tragen; und so fort; vom drallen Mißverständnis, dem Käse im Ohr, der Spindel, die dazu gehört und davon trennt; und rundherum vom Meer und den paar sahneweißen Hörnern.

33

Entworfen also – und dann aufgestellt, genau, und freigegeben: Pappkamerad? – oder Komplize? Da fällt Sonne, da schmilzt Schnee, da ist »Wachs« ein Notwort für »Bestürzung«. Der Nebel teilt sich – hier ist Wind; und ich rede mich um deinen Kopf, lesendes Moment, und heiser, damit was rüberkommt, rübergeht – Aussicht auf einen zugeschneiten Paß. Denn was mich herstellt, trickst mich augenblicklich weit hinaus – unweigerlich; umsonst sind bald Subjekt und Zeit und Ort gewechselt; du bestimmst jetzt das Spiel mit »Eis« und »Sonne«, »Wärmefluß« und »Wolkenspaltung«; kurzum den Vorgang, der insgesamt so schmelzend heißt; und ist; und schon dich ausmacht, weil ich drin vergehe . . . Gewiß, ich mute zu; und etwas anschaun heißt was anderes zu sein; und es beschwören heißt es aufbrauchen – Spitzfindigkeiten; nur daß auch sie mich nicht fixieren können – ein verrücktes Sirren ist im Gang, infinitesimale Dinge; während mein Sang & Klang fürs Kinderherz mit seiner rettungslosen Schwelle nur immer kleiner wird in diesem Windstoß, der den Exodus einleitet.

Francesco Petrarca

I

Quand'io movo i sospiri a chiamar voi,
  E'l nome che nel cor mi scrisse Amore;
  LAUdando s'incomincia udir di fore
  Il suon de' primi dolci accenti suoi.
Vostro stato REal, che 'ncontro poi,
  Raddoppia all'alta impresa il mio valore:
  Ma, TAci, grida il fin: che farle onore
  E' d'altr' omeri soma, che da'tuoi.
Così LAUdare, e REverire insegna
  La voce stessa, pur ch'altri vi chiami,
  O d'ogni reverenza e d'onor degna:
Se non che forse Apollo si disdegna,
  Ch' a parlar de'suoi sempre verdi rami
  Lingua mortal presuntuosa vegna.

Le Rime, V

2

Benedetto sia 'l giorno, e 'l mese, e l' anno,
E la stagione, e 'l tempo, e l'ora, e 'l punto,
E 'l bel paese, e 'l loco ov'io fui giunto
Da duo begli occhi, che legato m'hanno.
E benedetto il primo dolce affanno
Ch'i' ebbi ad esser con Amor congiunto;
E l'arco, e le saette ond' i' fi punto,
E le piaghe ch'infin al cor mi vanno.
Benedette le voci tante ch'io
Chiamando il nome di mia Donna ho sparte;
E i sospiri, e le lagrime e 'l desío.
E benedette sian tutte le carte
Ov' io fama le acquisto: e 'l pensier mio,
Ch'è sol di lei, sicch'altra non v'ha parte.

Le Rime, LXI

3

I'vidi in Terra angelici costumi,
E celesti bellezze al mondo sole;
Tal che di rimembrar mi giova e dole;
Che quant'io miro par sogni, ombre e fumi:
E vidi lagrimar que' duo bei lumi,
Ch' han fatto mille volte invidia al Sole:
E udi' sospirando dir parole
Che farian gir i monti, e star i fiumi.
Amor, senno, valor, pietate e doglia
Facean piangendo un più dolce concento
D' ogni altro, che nel mondo udir si soglia:
Ed era 'l cielo all'armonia sì 'ntento,
Che non si vedea in ramo muover foglia;
Tanta dolcezza avea pien l'aere e 'l vento.

Le Rime, CLVI

4

Orso, e' non furon mai fiumi, nè stagni,
Nè mare, ov'ogni rivo si disgombra;
Nè di muro, o di poggio, o di ramo ombra;
Nè nebbia, che'l ciel copra, e'l mondo bagni;
Né altro impedimento, ond'io mi lagni;
Qualunque più l'umana vista ingombra;
Quanto d'un vel, che due begli occhi adombra;
E par che dica: or ti consuma, e piagni.
E quel lor' inchinar, ch' ogni mia gioja
Spegne, o per umiltate, o per orgoglio;
Cagion sarà che 'nnanzi tempo i' moja:
E d' una bianca mano anco mi doglio;
Ch' è stata sempre accorta a farmi noja,
E contra gli occhi miei s' è fatta scoglio.

Le Rime, XXXVIII

5

Pace non trovo, e non ho da far guerra;
E temo, e spero; ed ardo, e son un ghiaccio;
E volo sopra 'l cielo, e giaccio in terra;
E nulla stringo, e tutto 'l mondo abbraccio.
Tal m'ha in prigion, che non m'apre nè serra;
Nè per suo mi riten, nè scioglie il laccio;
E non m'ancide Amor, e non mi sferra;
Nè mi vuol vivo, nè mi trae d'impaccio;
Veggio senz' occhi; e non ho lingua, e grido;
E bramo di perir, e cheggio aita;
Ed ho in odio me stesso, ed amo altrui:
Pascomi di dolor, piangendo rido;
Egualmente mi spiace morte e vita:
In questo stato son, Donna, per vui.

Le Rime, CXXXIV

6

Real natura, angelico intelletto,
Chiar'alma, pronta vista, occhio cerviero,
Provvidenza veloce, alto pensiero,
E veramente degno di quel petto:
Sendo di donne un bel numero eletto
Per adornar il di festo ed altero;
Subito scorse il buon giudicio intero
Fra tanti e sì bei volti il più perfetto:
L'altre maggior di tempo o di fortuna
Trarsi in disparte comandò con mano,
E caramente accolse a sè quell'una:
Gli occhi e la fronte con sembiante umano
Baciolle sì, che rallegrò ciascuna:
Me empiè d'invidia l' atto dolce e strano.

Le Rime, CCXXXVIII

7

O passi sparsi, o pensier vaghi e pronti,
O tenace memoria, o fero ardore,
O possente desire, o debil core,
O occhi miei, occhi non già, ma fonti;
O fronde onor delle famose fronti,
O sola insegna al gemino valore,
O faticosa vita, o dolce errore,
Che mi fate ir cercando piagge e monti;
O bel viso, ov' Amor insieme pose
Gli sproni e'l fren ond'e' mi punge e volve
Com'a lui piace, e calcitrar non vale;
O anime gentili ed amorose,
S'alcuna ha 'l mondo, e voi nude ombre e polve,
Deh restate a veder qual è 'l mio male.

Le Rime, CLXI

8

Passa la nave mia colma d'obblio
   Per aspro mare a mezza notte il verno
   Infra Scilla e Cariddi; ed al governo
   Siede 'l Signor, anzi 'l nemico mio:
A ciascun remo un pensier pronto e rio,
   Che la tempesta e 'l fin par ch'abbi'a scherno:
   La vela rompe un vento umido eterno
   Di sospir, di speranze e di desio:
Pioggia di lagrimar, nebbia di sdegni
   Bagna e rallenta le già stanche sarte,
   Che son d'error con ignoranza attorto:
Celansi i duo miei dolci usati segni:
   Morta fra l'onde è la ragion e l'arte,
   Tal, ch'incomincio a disperar del porto.

Le Rime, CLXXXIX

9

O cameretta, che già fosti un porto
  Alle gravi tempeste mie diurne,
  Fonte se'or di lagrime notturne,
  Che 'l dì celate per vergogna porto.
O letticciuol, che requie eri e conforto
  In tanti affanni; di che dogliose urne
  Ti bagna Amor con quelle mani eburne
  Solo ver me crudeli a si gran torto!
Nè pur il mio secreto e 'l mio riposo
  Fuggo, ma più me stesso e 'l mio pensero,
  Che seguendol talor levomi a volo.
Il vulgo a me nemico ed odioso
  (Ch'il pensò mai?) per mio refugio chero;
  Tal paura ho di ritrovarmi solo.

Le Rime, CCXXXIV

10

Solo e pensoso i più deserti campi
Vo misurando a passi tardi e lenti;
E gli occhi porto per fuggir intenti
Dove vestigio uman la rena stampi.
Altro schermo non trovo che mi scampi
Dal manifesto accorger delle genti:
Perchè negli atti d'allegrezza spenti
Di fuor si legge com'io dentro avvampi:
Sì, ch'io mi credo omai, che monti e piagge,
E fiumi, e selve sappian di che tempre
Sia la mia vita; ch'è celata altrui.
Ma pur sì aspre vie, nè sì selvagge
Cercar non so, ch'Amor non venga sempre
Ragionando con meco, ed io con lui.

Le Rime, XXXV

II

Io son già stanco di pensar, siccome
I miei pensier in voi stanchi non sono;
E come vita ancor non abbandono,
Per fuggir de' sospir sì gravi some;
E come a dir del viso e delle chiome,
E de'begli occhi, ond'io sempre ragiono,
Non è mancata omai la lingua e 'l suono
Di e notte chiamando il vostro nome;
E ch'e' piè miei non son fiaccati e lassi
A seguir l'orme vostre in ogni parte,
Perdendo inutilmente tanti passi;
Ed onde vien l'inchiostro, onde le carte
Ch'i' vo empiendo di voi: se 'n ciò fallassi;
Colpa d'Amor, non già difetto d'arte.

Le Rime, LXXIV

12

La gola e 'l sonno, e l'oziose piume
  Hanno del mondo ogni virtù sbandita,
  Ond'è dal corso suo quasi smarrita
  Nostra natura vinta dal costume:
Ed è sì spento ogni benigno lume
  Del ciel, per cui s'informa umana vita;
  Che per cosa mirabile s'addita
  Chi vuol far d'Elicona nascer fiume.
Qual vaghezza di Lauro? qual di Mirto?
  Povera e nuda vai, Filosofia,
  Dice la turba al vil guadagno intesa.
Pochi compagni avrai per l'altra via;
  Tanto ti prego più, gentile spirto,
  Non lassar la magnanima tua impresa.

Le Rime, VII

13

L'aspetto sacro della terra vostra
Mi fa del mal passato tragger guai,
Gridando: sta su misero, che fai?
E la via di salir al ciel mi mostra.
Ma con questo pensier un altro giostra;
E dice a me: perchè fuggendo vai?
Se ti rimembra, il tempo passa omai
Di tornar a veder la Donna nostra.
I', che 'l suo ragionar intendo allora,
M'agghiaccio dentro in guisa d'uom ch'ascolta
Novella che di subito l'accora:
Poi torna il primo, e questo dà la volta:
Qual vincerà non so: ma infino ad ora
Combattut' hanno, e non pur una volta.

Le Rime, LXVIII

14

In qual parte del ciel, in quale idea
  Era l'esempio, onde Natura tolse
  Quel bel viso leggiadro, in che ella volse
  Mostrar quaggiù quanto lassù potea?
Qual Ninfa in fonti, in selve mai qual Dea
  Chiome d'oro sì fino all' aura sciolse?
  Quand'un cor tante in sè virtuti accolse?
  Benchè la somma è di mia morte rea.
Per divina bellezza indarno mira
  Chi gli occhi di costei giammai non vide,
  Come soavemente ella gli gira.
Non sa com'Amor sana, e come ancide,
  Chi non sa come dolce ella sospira,
  E come dolce parla, e dolce ride.

Le Rime, CLIX

15

Amor, io fallo, e veggio il mio fallire:
Ma fo sì com'uom ch'arde, e 'l foco ha'n seno;
Che 'l duol pur cresce, e la ragion vien meno,
Ed è già quasi vinta dal martíre.
Solea frenare il mio caldo desire,
Per non turbar il bel viso sereno;
Non posso più, di man m'hai tolto il freno,
E l'alma disperando ha preso ardire.
Però s'oltra suo stile ella s'avventa,
Tu 'l fai, che sì l'accendi e sì la sproni,
Ch' ogni aspra via per sua salute tenta;
E più 'l fanno i celesti e rari doni
Ch'ha in sè Madonna: or fa'l men, ch'ella il senta,
E le mie colpe a sè stessa perdoni.

Le Rime, CCXXXVI

16

A piè de'colli ove la bella vesta
  Prese delle terrene membra pria
  La Donna, che colui ch'a te ne 'nvia,
  Spesso dal sonno lagrimando desta:
Libere in pace passavam per questa
  Vita mortal, ch' ogni animal desia,
  Senza sospetto di trovar fra via
  Cosa ch' al nostr'andar fosse molesta.
Ma del misero stato ove noi semo
  Condotte dalla vita altra serena,
  Un sol conforto, e della morte, avemo:
Che vendetta è di lui ch'a ciò ne mena;
  Lo qual in forza altrui, presso all'estremo
  Riman legato con maggior catena.

Le Rime, VIII

17

Tornami a mente, anzi v' è dentro, quella
  Ch'indi per Lete esser non può sbandita;
  Qual io la vidi in su l' età fiorita
  Tutta accesa de' raggi di sua stella.
Sì nel mio primo occorso onesta e bella
  Veggiola in sè raccolta e sì romita,
  Ch'i'grido: Ell'è ben dessa; ancor è in vita:
  E 'n don le cheggio sua dolce favella.
Talor risponde e talor non fa motto:
  I', com'uom ch' erra, e poi più dritto estima,
  Dico alla mente mia: Tu se' ingannata:
Sai che 'n mille trecento quarantotto
  Il dì sesto d'Aprile, in l' ora prima
  Del corpo uscio quell'anima beata.

Le Rime, CCCXXXVI

18

S'Amor non è, che dunque è quel ch'i' sento?
Ma s'egli è Amor, per Dio che cosa, e quale?
Se buona, ond'è l' effetto aspro mortale?
Se ria, ond' è sì dolce ogni tormento?
S'a mia voglia ardo, ond'è il pianto e 'l lamento?
S'a mal mio grado, il lamentar che vale?
O viva morte, o dilettoso male,
Come puoi tanto in me, s'io nol consento?
E s'io 'l consento, a gran torto mi doglio.
Fra sì contrarj venti in frale barca
Mi trovo in alto mar senza governo,
Sì lieve di saver, d' error sì carca,
Ch'i' medesmo non so quel ch'io mi voglio,
E tremo a mezza state, ardendo il verno.

Le Rime, CXXXII

19

Una candida cerva sopra l' erba
  Verde m'apparve con duo corna d' oro
  Fra due riviere all' ombra d' un Alloro
  Levando 'l Sole alla stagion acerba.
Era sua vista sì dolce superba,
  Ch'i' lasciai per seguirla ogni lavoro:
  Come l'avaro, che 'n cercar tesoro
  Con diletto l' affanno disacerba.
Nessun mi tocchi, al bel collo d'intorno
  Scritto avea di diamanti e di topazj;
  Libera farmi al mio Cesare parve.
Ed era 'l Sol già volto al mezzo giorno;
  Gli occhi miei stanchi di mirar, non sazj;
  Quand'io caddi nell' acqua, ed ella sparve.

Le Rime, CXC

20

Poi che 'l cammin m' è chiuso di mercede,
  Per disperata via son dilungato
  Dagli occhi, ov' era (i' non so per qual fato)
  Riposto il guidardon d' ogni mia fede.
Pasco 'l cor di sospir, ch' altro non chiede;
  E di lagrime vivo, a pianger nato:
  Nè di ciò duolmi; perchè in tale stato
  È dolce il pianto più, ch' altri non crede:
E solo ad una immagine m'attegno,
  Che fe' non Zeusi, o Prassitéle, o Fidia,
  Ma miglior mastro, e di più alto ingegno.
Qual Scitia m'assicura o qual Numidia,
  S' ancor, non sazia del mio esilio indegno,
  Così nascosto mi ritrova Invidia?

Le Rime, CXXX

21

Ma poi che 'l dolce riso umíle, e piano
  Più non asconde sue bellezze nove;
  Le braccia alla fucina indarno move
  L' antiquissimo fabbro Siciliano:
Ch'a Giove tolte son l'arme di mano
  Temprate in Mongibello a tutte prove;
  E sua sorella par, che si rinnove
  Nel bel guardo d'Apollo a mano a mano.
Del lito occidental si move un fiato,
  Che fa securo il navigar senz' arte,
  E desta i fior tra l' erba in ciascun prato:
Stelle nojose fuggon d' ogni parte
  Disperse dal bel viso innamorato;
  Per cui lagrime molte son già sparte.

Le Rime, XLII

22

Amor, Fortuna, e la mia mente schiva
  Di quel che vede e nel passato volta,
  M'affliggon sì, ch'io porto alcuna volta
  Invidia a quei che son su l'altra riva.
Amor mi strugge 'l cor; Fortuna il priva
  D' ogni conforto: onde la mente stolta
  S' adira e piagne; e così in pena molta
  Sempre conven che combattendo viva.
Nè spero i dolci dì tornino indietro,
  Ma pur di male in peggio quel ch' avanza:
  E di mio corso ho già passato il mezzo.
Lasso, non di diamante, ma d' un vetro
  Veggio di man cadermi ogni speranza;
  E tutt'i miei pensier romper nel mezzo.

Le Rime, CXXIV

23

Amor con sue promesse lusingando
Mi ricondusse alla prigione antica,
E diè le chiavi a quella mia nemica
Ch' ancor me di me stesso tene in bando.
Non me n' avvidi, lasso, se non quando
Fu'in lor forza: ed or con gran fatica
(Chi 'l crederà, perchè giurando il dica?)
In libertà ritorno sospirando.
E come vero prigioniero afflitto,
Delle catene mie gran parte porto:
E 'l cor negli occhi, e nella fronte ho scritto.
Quando sarai del mio colore accorto,
Dirai: s'i'guardo e giudico ben dritto,
Questi avea poco andare ad esser morto.

Le Rime, LXXVI

24

Almo Sol, quella fronde ch' io sola amo,
  Tu prima amasti; or sola al bel soggiorno
  Verdeggia, e senza par, poi che l' adorno
  Suo male e nostro vide in prima Adamo.
Stiamo a mirarla; i' ti pur prego e chiamo,
  O Sole; e tu pur fuggi, e fai d' intorno
  Ombrare i poggi, e te ne porti'l giorno;
  E fuggendo mi toi quel ch' i' più bramo.
L' ombra che cade da quell' umil colle,
  Ove sfavilla il mio soave foco,
  Ove 'l gran Lauro fu picciola verga;
Crescendo, mentr'io parlo, a gli occhi tolle
  La dolce vista del beato loco
  Ove 'l mio cor con la sua donna alberga.

Le Rime, CLXXXVIII

25

In quel bel viso, ch' i' sospiro e bramo,
  Fermi eran gli occhi desiosi e 'ntensi,
  Quand'Amor porse, quasi a dir che pensi?
  Quell' onorata man che secondo amo.
Il cor preso ivi, come pesce all' amo,
  Onde a ben far per vivo esempio viensi,
  Al ver non volse gli occupati sensi,
  O come novo augello al visco in ramo:
Ma la vista privata del suo obbietto,
  Quasi sognando, si facea far via,
  Senza la qual il suo ben è imperfetto:
L' alma tra l' una e l' altra gloria mia
  Qual celeste non so novo diletto,
  E qual strania dolcezza si sentia.

Le Rime, CCLVII

26

Io canterei d'amor sì novamente,
Ch'al duro fianco il dì mille sospiri
Trarrei per forza, e mille alti desiri
Raccenderei nella gelata mente:
E 'l bel viso vedrei cangiar sovente,
E bagnar gli occhi, e più pietosi giri
Far, come suol chi degli altrui martíri
E del suo error, quando non val, si pente;
E le rose vermiglie infra la neve
Mover dall' ora; e discovrir l'avorio,
Che fa di marmo chi da presso 'l guarda;
E tutto quel, perchè nel viver breve
Non rincresco a me stesso, anzi mi glorio
D' esser servato alla stagion più tarda.

Le Rime, CXXXI

27

Non Tesin, Po, Varo, Arno, Adige e Tebro,
Eufrate, Tigre, Nilo, Ermo, Indo e Gange,
Tana, Istro, Alfeo, Garonna, e 'lmar che frange,
Rodano, Ibero, Ren, Sena, Albia, Era, Ebro;
Non edra, abete, pin, faggio o ginebro
Poria 'l foco allentar che 'l cor tristo ange;
Quant'un bel rio ch'ad ogni or meco piange,
Con l' arboscel che 'n rime orno e celébro.
Quest'un soccorso trovo tra gli assalti
D'Amore, onde conven ch'armato viva
La vita che trapassa a sì gran salti.
Così cresca 'l bel Lauro in fresca riva;
E chi'l piantò, pensier leggiadri ed alti
Nella dolce ombra al suon dell'acque scriva.

Le Rime, CXLVIII

28

Se bianche non son prima ambe le tempie,
Ch'a poco a poco par che 'l tempo mischi,
Securo non sarò, bench' io m' arrischi
Talor ov' Amor l' arco tira ed empie.
Non temo già, che più mi strazj o scempie,
Nè mi ritenga, perch' ancor m' invischi;
Nè m'apra il cor perchè di l'incischi
Con sue saette velenose ed empie.
Lagrime omai dagli occhi uscir non ponno;
Ma di gir in fin là sanno il viaggio;
Sì, ch'appena fia mai chi 'l passo chiuda.
Ben mi può riscaldar il fiero raggio,
Non sì ch' i' arda; e può turbarmi il sonno,
Ma romper no, l'immagine aspra e cruda.

Le Rime, LXXXIII

29

Or, che 'l ciel e la terra e 'l vento tace,
E le fere e gli augelli il sonno affrena,
Notte 'l carro stellato in giro mena,
E nel suo letto il mar senz' onda giace;
Veggio, penso, ardo, piango; e chi mi sface,
Sempre m'è innanzi per mia dolce pena:
Guerra è'l mio stato d'ira e di duol piena,
E sol di lei pensando ho qualche pace.
Così sol d'una chiara fonte viva
Muove 'l dolce e l'amaro, ond'io mi pasco:
Una man sola mi risana e punge.
E perchè 'l mio martír non giunga a riva,
Mille volte il dì moro, e mille nasco;
Tanto dalla salute mia son lunge.

Le Rime, CLXIV

30

Pommi ove 'l Sol uccide i fiori e l' erba;
O dove vince lui 'l ghiaccio e la neve:
Pommi ov' è'l carro suo temprato e leve;
Ed ov' è chi cel rende, o chi cel serba:
Pomm'in umil fortuna, od in superba;
Al dolce aere sereno, al fosco e greve:
Pommi alla notte; al di lungo ed al breve;
Alla matura etate, od all'acerba:
Pomm'in cielo, od in terra, od in abisso;
In alto poggio; in valle ima e palustre;
Libero spirto, od a'suoi membri affisso:
Pommi con fama oscura, o con illustre:
Sarò qual fui: vivrò com'io son visso,
Continuando il mio sospir trilustre.

Le Rime, CXLV

31

O Invidia nemica di virtute,
Ch' a' bei principii volentier contrasti,
Per qual sentier così tacita intrasti
In quel bel petto, e con qual arti il mute?
Da radice n' hai svelta mia salute:
Troppo felice amante mi mostrasti
A quella, che miei preghi umili e casti
Gradì alcun tempo, or par ch'odii e refute.
Nè però che con atti acerbi e rei
Del mio ben pianga, e del mio pianger rida,
Poria cangiar sol un de' pensier miei:
Non perchè mille volte il dì m' ancida,
Fia ch'io non l'ami, e ch'i' non speri in lei:
Che s' ella mi spaventa, Amor m' affida.

Le Rime, CLXXII

32

O d'ardente virtute ornata e calda
  Alma gentil, cui tante carte vergo;
  O sol già d' onestate intero albergo;
  Torre in alto valor fondata e salda;
O fiamma; o rose sparse in dolce falda
  Di viva neve, in ch'io mi specchio e tergo;
  O piacer, onde l' ali al bel viso ergo,
  Che luce sovra quanti 'l Sol ne scalda:
Del vostro nome, se mie rime intese
  Fossin sì lunge, avrei pien Tile e Battro,
  La Tana, il Nilo, Atlante, Olimpo e Calpe:
Poi che portar nol posso in tutte quattro
  Parti del mondo; udrallo il bel paese
  Ch'Apennin parte, e'l Mar circonda e l'Alpe.

Le Rime, CXLVI

33

Amor m' ha posto come segno a strale,
Com' al Sol neve, come cera al foco,
E come nebbia al vento; e son già roco,
Donna, mercè chiamando; e voi non cale.
Dagli occhi vostri uscío 'l colpo mortale,
Contra cui non mi val tempo nè loco:
Da voi sola procede (e parvi un gioco)
Il Sole, e 'l foco, e 'l vento, ond'io son tale.
I pensier son saette; e 'l viso un Sole;
E 'l desir foco; e 'nsieme con quest'arme
Mi punge Amor, m'abbaglia, e mi distrugge:
E l' angelico canto, e le parole,
Col dolce spirto, ond'io non posso aitarme,
Son l' aura innanzi a cui mia vita fugge.

Le Rime, CXXXIII

Nachwort zum Projekt

Während ringsum die Dinge ins Kraut schießen, lasse ich es bei dieser Fassung bewenden und setze hinter die 33 Gedichte eine Art Punkt. Die Auskünfte, die jetzt noch zu geben wären, sollten über das, was schon gesagt ist, lieber kein Wort verlieren; nur hinzuzufügen wäre einiges an »Eckdaten« und, bei aller Gefahr solcher Geschwätzigkeit, etwas dazu, weshalb ich doch von einem Projekt rede.

Etwa die Art und Weise, in der ein damals, als es begann, rund fünfzigjähriger, aus einer kraus waldigen und siebenbürgisch-ondulatorischen Landschaft stammender, von seiner Biographie ziemlich hin- und hergeschobener, heute im anonymen Westberlin ansässiger Autor, also die Stilisierung von mir, sich nach rund 600 Jahren den Gedichten und der Person seines Kollegen Francesco hinter den sieben Alpen zu nähern versucht hat.

Und dabei wieder Texte entstanden.

Zu einigen Orten Petrarcas brachten mich die Zusammenkünfte des Petrarca-Preises, frühsommerliche Anlässe gemeinsamen Sehens und Wiedersehens – Begriffsbildung. Zu seinen Zuständen, den Sonetten, brachte mich Michael Krügers in den Raum gestellte Frage, ob »es« mich nicht reizen würde. »Es« hieß zunächst, Sprache von Petrarca in der Hand halten, das Papier fühlen, die Schrift schnuppern. Auch später war es, wenn ich mich nicht täusche, keine echte Ambition, diese Gebilde »so wie sie sind« übersetzen zu wollen; als wäre das überhaupt möglich. Es ging wahrscheinlich um das Problem der Bekanntschaft schlechthin.

Daß ich nicht italienisch spreche, war ja nicht ausschlaggebend. Als ich dann aber, es geschah plötzlich, eine (vermutlich mir gemäße) poetologische Aufgabenstellung zu entdecken glaubte, hatte mich bereits die Neugierde gepackt. Und zwar: versuchsweise einmal zu sehen, was innerhalb der poetischen Vorgänge, im Spannungsfeld der Begriffs- und Metaphernbildung, sich während der Kenntnisnahme durch Sprache ergeben könnte. Plump gesagt, die Metaphern (und auch der Umgang mit ihnen in manchen vorhandenen deutschen Übersetzungen) schienen mir unzuverlässig, aus zweiter Hand; es reizte mich, sie abzuklopfen, anzurubbeln, wie Abziehbilder; bloß mit dem Unterschied, daß ich hier ja die glänzend-bunte Oberflächenschicht der Bilder probeweise »beseitigen« wollte, um herauszufinden, was sich, eher matt, monochrom, an Anschauung, Erkenntnisvorgängen, ja vielleicht Erkenntnistheorie, »darunter« verbirgt; bei Petrarca verborgen haben mag. Die äußere Sonettform schien mir im Fluß seiner Wörter so aufzugehen, daß ihr Vorhandensein nichts als natürlich war, d. h. auch keinen eigentlichen Vorwurf darstellte. Neugierig war ich auf den fremden, also »meinen« Petrarca; durch den methodischen Trick, seine Metaphern »in statu nascendi« zu überraschen, konnte ich durch die Zeitfalte schlüpfen und mich ihm nähern – ein wenig.

Hinzu kamen der Reiz und das akrobatische Schwindelgefühl, ohne Netz (ohne akademisches Rüstzeug) unter die Kuppel einer fremden Sprache zu treten, sozusagen in einen Raum, in dem die Eigengeräuschlichkeit überdeutlich wird. Ganz so fremd war mir Petrarcas Italienisch natürlich nicht; Morphologie und Syntax des vertrauten Rumänischen bieten gewisse Vergleichsmomente; aber doch fremd genug, um es nicht auf Anhieb zu verstehen. Selbstverständlich waren Wörterbücher und Konjugationstafeln unentbehrlich. Die vorhandenen deutschen Übertragungen mochte ich nicht konsultieren, auch nicht als Rohangebot; da war Ehrgeiz schon eher im Spiel. Das Risiko, falsch zu liegen, empfand ich ständig als nötig, ja unabdinglich; wie für jedes Verstehen. Wenn mir trotzdem manchmal eine Textstelle vom Rumänischen oder Französischen her, oder vom Schullatein, gleich einzuleuchten schien, war das ein Signal, erst recht nachzuschlagen – es gab Überraschungen. Schließlich mußte ich mich noch der einfachsten Wörter (»wer«, »und«, »wie«, »ist«, »aber«, »ich«) jedesmal vergewissern; ob sie noch dieselben waren. Sie waren es nicht; dafür lernte ich vielleicht, wie Lernen vielleicht zustande kommt, durch ständige Nichtentsprechung.

Denn mit der Zeit trat ein Handikap auf. Auch Petrarca wiederholt sich. Amor, Pfeil, Stirn, Auge, Lorbeer, Sonne – sein Bilderbogen wird, zwar mit Akzentschwankungen, aber so oft eingesetzt, daß man ihn unversehens wie ein Alphabet lesen lernt – das aber gerade lief meiner auf Individuation der Texte bedachten Annäherungsstrategie zuwider. Eben die zunehmende Zeichenhaftigkeit war das Ärgernis, das es zu überwinden galt wie einen Tarnschild, eine Piratenmaske, eine Kosmetik (um selber solche Bildbrocken zu gebrauchen). Ich durfte also nicht abstumpfen, mir keine festen Gleichungen zurechtlegen, durfte nicht lernen. Zugespitzt: Amor vielfach, jeweils von Anfang an, anders.

Die Erstbegegnung war frontal und total gewesen, wie der Zuwachs zwischen Null und Eins. Bei jeder weiteren Begegnung nahmen der Spielraum und die Zuwachsrate ab, und ich war gezwungen, die Regeln zu erweitern, bis es mit der Strategie fast zu Ende war. Dreiunddreißig Annäherungen ist schon fast zu viel.

An meinem Schreibtisch waren es die letzten fünf Jahre. Die Arbeit erfolgte schubweise, 7 + 10 + 10 + 6, und die Anordnung 1 - 33 folgt diesen Gruppen. Daß im Verlauf des Projektes der erwähnte Spielraum nicht völlig zuwuchs, verdanke ich den Pausen in der Beschäftigung und wie gesagt dem Griff zum Wörterbuch, dem Nachschlagen »wider besseres Wissen«.

Was zwischen den Sonetten und meinen Gedichten dann wirklich geschehen ist?

Lassen wir das. Ich spreche jetzt von drei Vermutungen betreffend den Impuls in der Annäherung. Das ist a) mutwillig, b) irreverent, c) abenteuerlich.

Mutwillig – weil mir keine Entscheidung blieb: das Prüfen der Sonette (»ob ich mich an sie wagen solle«) konnte ohne das Wagnis selbst nicht vonstatten gehen. Als die ersten drei oder vier Texte so fertig waren, daß ich annahm, sie würden nun »passen«, da war es schon passiert, d. h. dafür entschieden. Für keines der 33 Sonette konnte ich mich entscheiden, bevor mein Gedicht nicht ganz da war (über etliche Zwischenfassungen, also auch über ein sukzessives Abstandnehmen im Vollzug der Annäherung); ich »kenne« somit nur diese 33. Warum es diese und nicht andere sind, wo die Vorliebe einhakte, was in der Selektion den Ausschlag gab? Mit anderen Sonetten, denn es sind sehr viele, hätte die Annäherung – ich sage das sehr vorsichtig – wahrscheinlich zu nicht sehr unähnlichen Ergebnissen geführt.

Irreverent – weil es da eben nicht nur um eine literarische Größe mit P ging (= Petrarca), oder um eine mittlere historische Größe mit P (= Person), oder um eine sonstwie geartete (= Pastior), oder gar um andere Größen mit P (= Projekt, Potential, Pneuma, Pingeligkeit, Praefiguration, Plenum, Platzbewußtsein), sondern schon auch um weitere Größen des Alphabets (= Anmaßung, Befangenheit, Calamität etc.) – auf der Buchstabenschiene ist vor dem Herzen alles gleich. Selbst mein Vorwissen um die Renaissance war ein heutiges, schmales. Schließlich hatte ich keine Bedenken, in den Sonetten ein aufmüpfiges, schwejkhaftes Substrat im Umgang mit den schönen Wörtern auszumachen.

Und abenteuerlich, also nicht ganz ohne Vorgeschichte; denn Anfang der fünfziger Jahre hatte ich mich schon einmal verstrickt. Damals waren es Shakespeare-Sonette gewesen, die mich zur Einmischung lockten: noch eine Person, also mich, in das Vexierspiel einzubringen – ein pubertärer Kranz, der irgendwo in Bukarest geblieben ist. Und nun wieder intim einbezogen! Allerdings in eine exklusivere, strengere Du-Ich-Konstellation, die den gemeinsamen Umgang von vornherein radikaler und schwieriger machte. Laura, das stand früh für mich fest, hatte darin einen »ausschließlichen« Platz, war zugleich das Ausgesparte und das Auszusparende – einerseits; und war andererseits als »gegebener Faktor« (= Donna) konsequent ernst zu nehmen: Frau Werlt. Mit ihrem (meinem?) Unternehmen Argus: Schnüffelpfade, nicht astreine Methoden . . . Hautnahe Berührungen mit einem (also dennoch erotischen?) Denk- und Sprachmodell der »Paare«, der »Absenz«, der Idee als »Vorschuß« einer Sagbarkeit bis zum Entgrenzungs-Schmerz, und -Schreck, wenn sie ein Über-Maß bewirkt.

Ich war persönlich involviert. Betroffen von jedem Indiz, daß ich gemeint war, wenn er umschrieb; daß er gemeint war, selbst wenn meine Approximation sich nicht über sein Drittes peilen ließ.

Und es wurde spannend. Wie der Vorsatz, seine Bilder »abzurubbeln«, von der grundsätzlichen Metaphorik jeder Redewendung unterwandert wurde, so daß nun doch etwas »unterschwellig« Sinnenhaftes da ist – zum Glück. Und wie auf meiner Spurensuche (»daß es irgendwo um mich geht«) das Sich-eingemischt-vorfinden (Interesse) sich lustig amplifizierte und manchmal fast zu einem bedenklich selbständigen Vorgang wurde; wie Aufdeckung gleichzeitig Herausbildung war (»aus dem Bild heraus – heraus aus dem Bild!«); und wie erst durch die allmähliche Unterstellung einer für dieses Projekt tragenden Poetologie (die befähigt wäre, über Petrarca und mich hinaus einen Erkenntnisweg zu gehen) diese zeitweilig zum Tragen kam, zur Triebfeder wurde; bis zur Erschöpfung. Etwa im 32. Text, wo ich stellenweise auf ein plumpes Nachstellen des italienischen Lautmaterials rekurriere oder bereitwillig läppisch asyntaktisch verfahre – im tumben Vertrauen auf die ohnehin klügeren Wörter.

Kann, nach so ausführlichem Reden darüber, mein Petrarca-Projekt als Experiment angesehen werden? Interessiert diese Frage überhaupt? Experimentelle Textgebilde scheinen es nicht zu sein; das Ergebnis läßt, für sich betrachtet, kaum Rückschlüsse auf die Zwischenstufen, in denen es zustande kam, zu. Das »Verfahren« ist am Text nicht mehr zu erkennen; es ist auf der Strecke geblieben, oder passiert, oder ausgeklammert.

Parallel in diesem Buch ergeht das Angebot, die »entsprechenden« Sonette im Original zu lesen. Sie werden von meinen Gedichten nicht berührt. Denn wenn ich es für unsachdienlich halte, diese als Übersetzung (Übertragung, Nachdichtung) zu bezeichnen, so deshalb, weil, wie ich meine, nicht im Vergleich mit dem Original der Angelpunkt liegt, sondern in der künstlichen Gleichzeitigkeit beider – zumindest hier im Buch, durch das die Zeitfalte geht, trotzdem, und wo die herkömmliche Polarisierung (hier »Original« – hier »Verdolmetschung«) die Sache ungenügend erklären würde.

Und auch durch diesen Punkt läuft, während ich ihn setze, ein Anachronismus.

Berlin, Charlottenburg
im September 1982 Oskar Pastior

Die Sonette Petrarcas wurden nach der Ausgabe »Le Rime di Francesco Petrarca«, herausgegeben von P. Francesco Soave C.R.S., Mailand 1805, gedruckt.

Inhalt

Oskar Pastior

Francesco Petrarca

Edition Akzente
Herausgegeben von
Michael Krüger

Roger Caillois
Steine

Bettina Blumenberg
Vor Spiegeln
Erzählung

Lars Gustafsson
Eine Liebe zur Sache
Prosastücke

Marleen Stoessel
Aura
Das vergessene Menschliche
Zu Sprache und Erfahrung
bei Walter Benjamin